MOM THOUGHTS
UNCENSORED
CURSE WORD COLORING BOOK

by Perfectly Profane Coloring Pres

Don't Fucking Touch!
This book belongs to:

_____

_____

_____

You fucking rock for purchasing this coloring book! We hope you laugh your ass off and have as much fun coloring it as we had making it for you and we had a fucking blast!

If you enjoy this book and think it's the shit, we would appreciate it if you would leave us an honest review.

THANK YOU!

You may also like these books from
Perfectly Profane Coloring Press
available on Amazon!

I'M A GOOD MOM WITH A FUCKING FILTHY MOUTH

Just a MOM trying NOT to raise an ASSHOLE

Looking for more curse word fun?

Please enjoy this bonus puzzle page that includes phrases from the **Naughty Word Search for Adults** available on Amazon now!

```
E X T M T A A O L Q N L Y A Y W Y K
W M U R Q X Z K I C K A S S C S K S
X F A R T K N O C K E R K Z G A K T
M Z D D N X Q M P E F C U H G C D I
K U S E N M I T E N U J R D U A S N
R I Y N E O X Z V F B R V F E B D K
A U Z T C P B P R E T H O H R R V W
S S C X O Z I E L G C R T E E X I R
S H P B U M T O Z T T I K F V B Z I
C I V E B S H R I S H C F X Q K F N
L T P U U S O B A S I I V U X H P K
O S O L S I A T M K N A E X E C C L
W H C A T F A B T S C W M X P U L E
N O Z I O C H I S W F U C K F A C E
A W S N P G H S O Y B I X H O W P P
A Q O J A S A C O C K N U C K L E P
X S B F E K S P A E O J Q C E Q O U
N S M O T H E R F U C K E R O B J A
```

ASSHOLE	COCKNUCKLE	FARTKNOCKER
CLUSTERFUCK	ASS CLOWN	SHITHEAD
KICK ASS	SHIT KICKER	ASS SNIFFER
STINK WRINKLE	CATASTRO-FUCK	SHIT SHOW
FUCK FACE	MOTHERFUCKER	SON OF A BITCH

Made in the USA
Monee, IL
23 April 2022

95238227R00037